# Filosofia analítica

Coleção **PASSO-A-PASSO**

CIÊNCIAS SOCIAIS PASSO-A-PASSO
*Direção: Celso Castro*

FILOSOFIA PASSO-A-PASSO
*Direção: Denis L. Rosenfield*

PSICANÁLISE PASSO-A-PASSO
*Direção: Marco Antonio Coutinho Jorge*

*Ver lista de títulos no final do volume*

Danilo Marcondes

# Filosofia analítica

Jorge Zahar Editor
Rio de Janeiro

*Para Maria Inês e Danilo*

Copyright © 2004, Danilo Marcondes

Copyright desta edição © 2004:
Jorge Zahar Editor Ltda.
rua México 31 sobreloja
20031-144 Rio de Janeiro, RJ
tel.: (21) 2240-0226 / fax: (21) 2262-5123
e-mail: jze@zahar.com.br
site: www.zahar.com.br

Todos os direitos reservados.
A reprodução não-autorizada desta publicação, no todo
ou em parte, constitui violação de direitos autorais. (Lei 9.610/98)

Composição eletrônica: TopTextos Edições Gráficas Ltda.
Impressão: Geográfica Editora

Capa: Sérgio Campante

CIP-Brasil. Catalogação-na-fonte
Sindicato Nacional dos Editores de Livros, RJ.

M269f   Marcondes, Danilo, 1918-
        Filosofia analítica / Danilo Marcondes. — Rio de Janeiro: Jorge Zahar Ed., 2004
                    (Filosofia Passo-a-passo)

        Inclui bibliografia
        ISBN 85-7110-798-X

        1. Análise (Filosofia). I. Título. II. Série.

04-1323                                         CDD 101
                                                CDU 101.1

# Sumário

| | |
|---|---|
| Introdução | 7 |
| Considerações históricas | 9 |
| A concepção de análise na filosofia analítica | 11 |
| O problema da análise | 15 |
| A contribuição de Frege à filosofia analítica | 18 |
| A teoria das descrições de Bertrand Russell | 26 |
| A análise segundo G.E. Moore | 30 |
| Austin e a Escola de Oxford | 34 |
| A concepção de análise em Wittgenstein | 38 |
| Duas concepções de análise | 43 |
| Conclusão | 48 |
| *Seleção de textos* | 52 |
| *Principais representantes da filosofia analítica* | 60 |
| *Referências e fontes* | 63 |
| *Leituras recomendadas* | 66 |
| *Sobre o autor* | 68 |

## Introdução

"Filosofia analítica" é uma expressão que pode ser entendida pelo menos de dois modos. Em um sentido mais amplo, significa uma maneira de se fazer filosofia recorrendo-se ao método analítico para o tratamento das questões filosóficas. Em um sentido mais específico e historicamente determinado, a filosofia analítica é uma corrente filosófica que adota o método analítico e surge ao final do século XIX, desenvolvendo-se ao longo do século XX até os tempos atuais, caracterizando-se assim como uma das principais correntes do pensamento contemporâneo. Mas, mesmo neste sentido mais específico, a filosofia analítica inclui também diferentes tendências, desde as suas origens no contexto da crítica ao idealismo então dominante até as várias linhas do pensamento contemporâneo. O método analítico pode se desdobrar, por sua vez, em diferentes modos de se interpretar o que vem a ser "análise" em um sentido filosófico.

Se nos perguntarmos, portanto, o que significa filosofia analítica e como podemos entender a noção de "análise", veremos que não há uma resposta única a estas questões. No presente livro procurarei mostrar alguns dos sentidos mais importantes da noção de análise e discutir a contribuição dos mais influentes filósofos do que podemos considerar a "tradição analítica" na filosofia contemporânea.

A filosofia surge na Grécia antiga como busca de resposta específica a um sentimento de necessidade de se compreender melhor o mundo de nossa experiência. "Compreender melhor" significa compreender a realidade diferentemente de como o fazemos e de forma mais satisfatória, dados certos objetivos práticos e teóricos. Isso acarreta um sentimento de que o mundo de nossa experiência não é transparente, não se revela a nós espontaneamente. Compreendê-lo melhor significa, assim, *analisá-lo*. Analisar, por sua vez, equivale a decompor, separar certos conceitos básicos, para então defini-los. Esses conceitos básicos servirão de ponto de partida para a definição e a compreensão dos demais. Definir consiste em estabelecer o significado de certos conceitos básicos e, na tradição analítica contemporânea, conceitos são entendidos como entidades lingüísticas, daí o apelo à linguagem na análise filosófica, e daí a filosofia analítica ser confundida com freqüência com a filosofia da linguagem. Veremos que estas são bastante diferentes, embora possam ter muito em comum.

As definições, enquanto resultados da análise filosófica, não são imutáveis, já que a necessidade de compreender melhor é recorrente, e já que aquilo que consideramos satisfatório — assim como os objetivos em relação aos quais julgamos algo satisfatório — é relativo e varia dependendo das circunstâncias.

## Considerações históricas

A filosofia analítica contemporânea, na medida em que define sua tarefa como a análise dos conceitos, visando desse modo elucidar os problemas filosóficos, tem demonstrado muito pouco interesse pela formação histórica da tradição filosófica. A análise do conceito como parte da tentativa de solução de um problema filosófico não depende de uma compreensão da história do conceito, de suas origens e evolução, mas sim, na concepção tipicamente analítica, apenas da determinação da *definição* desse conceito da forma mais clara e precisa possível.

Porém, mais recentemente, alguns filósofos analíticos, como por exemplo Michael Dummett, têm tido a preocupação de entender melhor a formação da própria tradição analítica, sua origem, sua ruptura com a tradição filosófica anterior e seus vários desenvolvimentos ou desdobramentos mais recentes.

Dummett divide a tradição filosófica em três grandes períodos. O primeiro, que vai da filosofia antiga (séc. VII a.C.) até o final do pensamento medieval (séc. XIV), é marcado pelo interesse central pela *ontologia*, ou seja, pela questão sobre o Ser, sobre no que consiste a realidade, qual sua natureza última, sua essência. O segundo caracteriza-se por uma ruptura radical com o primeiro e marca o surgimento da filosofia moderna (séc. XVI-XVII), tendo como questão central a *epistemologia*, a investigação sobre o conhecimento. A resposta à questão sobre o Ser depende, segundo esta nova visão, da resposta sobre algo mais fundamental: o conhecimento do Ser, a natureza desse conhecimento e sua possibilidade. O terceiro período marca a ruptura, por sua vez, da filosofia contemporânea (final do séc. XIX — início do séc. XX) com a filosofia moderna. Essa nova ruptura introduz agora a questão *lógico-lingüística*, ou seja, o conhecimento não pode ser entendido independentemente de sua formulação e expressão em uma linguagem. A questão primordial passa a ser assim a análise da linguagem, da qual dependerá todo o desenvolvimento posterior da filosofia. A filosofia analítica surge nesse momento, vindo responder diretamente a essa necessidade.

Embora a filosofia analítica adote a análise como procedimento básico, o recurso ao método analítico já é encontrado na tradição filosófica desde a sua origem. Platão por exemplo empreende uma análise conceitual em sua busca da definição do "sofista" no diálogo homônimo, quando pela *diairesis* (divisão, separação, decomposição) busca os vários elementos que entram na definição de um conceito e as várias distinções que podem ser feitas a partir da consideração de um conceito geral. A discussão por Aristóteles da causalidade nos *Segundos analíticos* e na *Física*, mostrando que o conceito de "causa" pode ser entendido de quatro modos diferentes — formal, material, eficiente e final —, consiste em uma análise do conceito de causa, da qual resultam essas distinções, permitindo assim uma definição mais precisa e desfazendo equívocos.

Kant em sua discussão da representação, igualmente mostra que a compreensão de um conceito depende de sua definição, e que para defini-lo é preciso analisá-lo, ou seja, decompô-lo em seus elementos constitutivos. Como resultado da análise nossa compreensão do conceito muda, enquanto o conceito em si permanece inalterado: "Quando distinguimos o conceito de virtude em seus constituintes, nós o tornamos mais distinto pela análise. Ao torná-lo mais distinto, contudo, não acrescentamos nada ao conceito, mas apenas o clarificamos."

Portanto, mesmo antes da centralidade que a filosofia analítica atribui à análise conceitual, já a encontramos como parte fundamental da investigação filosófica.

## A concepção de análise na filosofia analítica

A filosofia analítica surge ao final do século XIX, sobretudo com George Edward Moore e Bertrand Russell, como uma dupla reação às correntes então dominantes na Grã-Bretanha: o idealismo absoluto de inspiração hegeliana de Francis Herbert Bradley, T.H. Green e Bernard Bosanquet dentre outros; e o empirismo psicologista influenciado principalmente por John Stuart Mill. Um movimento semelhante, denominado por Alberto Coffa de "tradição semântica", surge na Alemanha nas últimas décadas do século XIX, sendo que a obra de filósofos, lógicos e teóricos da ciência como Bernhard Bolzano, Gottlob Frege e Ernst Mach, apesar das diferenças teóricas entre eles, pode ser considerada em grande parte uma reação à filosofia transcendental de origem kantiana, sobretudo no que diz respeito à questão da fundamentação da ciência. Podemos dizer que, de certa forma, essas duas novas concepções de filosofia vão se encontrar no positivismo lógico do Círculo de Viena, a partir dos anos 1920, representado principalmente por Rudolf Carnap e Moritz Schlick. O positivismo lógico caracteriza-se pela preocupação com a fundamentação da ciência em uma linguagem lógica e em bases empíricas, eliminando os elementos metafísicos (como essências e formas) e psicológicos (como idéias e representações mentais), considerados inverificáveis, ou seja, fora do alcance do teste empírico, adotado como critério de validade das teorias científicas.

Em termos gerais, a filosofia analítica pode ser caracterizada por ter como idéia básica a concepção de que a filosofia deve realizar-se pela análise da linguagem. Sua questão central seria então, pelo menos em um primeiro momento, "Como uma proposição tem significado?". É nesse sentido que, nessa concepção de filosofia, o problema da linguagem ocupa um lugar central.

Em seu livro sobre Leibniz, de 1900, Russell faz uma afirmação ilustrativa desta concepção: "Que toda filosofia sólida deva começar com uma análise da proposição é uma verdade demasiado evidente, talvez, para necessitar ser provada." As razões subjacentes a esta afirmação, aparentemente um tanto dogmática, merecem ser examinadas, já que são bastante representativas dessa nova forma de se conceber a filosofia.

De fato, essa citação contém muitos elementos significativos. Em primeiro lugar a idéia de "uma filosofia sólida" (*sound philosophy*), que se contrapõe às tradições então dominantes que constituíam a *unsound philosophy*, uma filosofia pouco confiável — por exemplo, as correntes idealistas mencionadas anteriormente. Em seguida, temos a visão de que a filosofia deve começar com uma análise da proposição, sendo que o "deve" encerra precisamente uma prescrição, um reconhecimento de que não é isso que a filosofia tem feito até então, mas que agora precisa fazê-lo. A concepção de que isso é uma verdade "demasiado evidente" é igualmente significativa, porque representa uma atitude típica dos primórdios da filosofia analítica, em que é maior a preocupação em estabelecer um novo modelo de filosofia do que em elaborar uma crítica interna das teorias anteriores ou refutá-las.

Na verdade, podemos distinguir na tradição analítica tal como se constituiu historicamente uma multiplicidade de concepções de análise, nem todas excludentes. Temos análise como tradução de uma linguagem imprecisa para uma linguagem lógica isenta de equívocos e ambigüidades; como redução de algo desconhecido ou obscuro a algo conhecido e mais claro; como decomposição de um complexo em seus elementos simples constituintes; como elucidação ou clarificação de algo confuso ou obscuro. Temos análise do conceito, análise da proposição e análise do discurso.

Duas grandes vertentes podem, contudo, ser identificadas. A primeira, que constitui o que podemos chamar de semântica clássica, se desenvolve a partir de Frege, Russell (destacando-se a teoria das descrições definidas e o atomismo lógico) e Wittgenstein (com o *Tractatus logico-*

*philosophicus*, 1921), caracterizando estes dois últimos, juntamente com Moore, a chamada Escola Analítica de Cambridge. Podemos incluir ainda nessa tradição o positivismo lógico do Círculo de Viena, que foi de início fortemente influenciado por Wittgenstein. A segunda grande vertente parte também da influência de Moore, de Gilbert Ryle, do "segundo" Wittgenstein e de John Langshaw Austin, incluindo a Escola de Oxford, também conhecida como "filosofia da linguagem ordinária", caracterizando a assim chamada "virada lingüística" (*linguistic turn*). É claro que a distinção entre essas duas correntes não deve ser considerada em termos absolutos, já que ambas interagem de diversas formas; além disso, trata-se de uma caracterização histórica reconstrutiva e não de uma identificação oriunda diretamente desses filósofos. Há, contudo, justificativas suficientes para essa distinção, e na verdade essas correntes mantêm concepções bastante diferentes quanto ao que seja fazer filosofia.

Um traço comum à semântica clássica é a preocupação com a questão da fundamentação da ciência, sendo sua solução básica o recurso à lógica. Devemos entender, contudo, "lógica" em um sentido amplo, não apenas como teoria das linguagens formais ou como estudo das formas de inferência válida, mas como englobando problemas como a natureza da proposição e a constituição do significado, isto é, a *semântica*, examinando assim a relação entre a linguagem e a realidade, questão fundamental para a justificação da possibilidade do conhecimento científico e da validade de uma determinada teoria científica.

## O problema da análise

A noção de análise ocupa um lugar central na filosofia desde o pensamento antigo. Como vimos anteriormente, a discussão na filosofia grega da possibilidade do conhecimento e da definição da essência do real tem como um de seus aspectos centrais o conceito de análise. Veremos aqui brevemente como várias das questões que se originam na discussão clássica do conceito de análise permanecem ainda na filosofia analítica. Interessa-nos, sobretudo, explicitar o tratamento que a filosofia analítica dá a algumas dessas questões.

Na concepção tradicional, conhecer a realidade consiste em examiná-la em suas partes constitutivas, estabelecendo de que modo a natureza das partes ou elementos que a compõem e a forma como se articulam contribuem para a constituição da natureza do todo. O processo de conhecimento caracteriza-se assim, ao menos em parte, como um processo de análise no sentido de decomposição de um complexo em suas partes simples constitutivas. Esse processo chega a seu limite precisamente quando determinamos as partes simples, aquelas que não podem mais ser decompostas e, portanto, conhecidas. O conhecimento teria por base assim algo que não pode ser conhecido, já que não pode mais ser submetido à análise. Temos aí o chamado "paradoxo do *Teeteto*", uma vez que uma de suas primeiras formulações se encontra nesse diálogo de Platão.

Definir algo consiste precisamente em formular uma proposição em que se atribuem a um sujeito certas propriedades ou qualidades, ou seja, certos predicados que lhe são inerentes e essenciais e que podem ser determinados através da análise. Por exemplo: "O ser humano é um animal racional", "Todo número par é múltiplo de 2". O acesso ao simples, o constituinte último da realidade, não pode, contudo, dar-se através da análise nem de uma definição que se formule discursivamente. Esse acesso deve ser direto, imediato, intuitivo, já que o simples, por sua natureza, não pode ser analisado nem definido. A definição (*logos*) formula-se em uma proposição que é um complexo (*synthesis*), articulando dois elementos (sujeito e predicado), como nos exemplos acima; portanto, não se pode expressar em uma proposição o simples (*asyntheton*). De acordo com esta concepção tradicional, o pensamento discursivo, a linguagem, não é, pois, adequado à expressão do simples. O discurso é sempre incapaz de chegar à definição da essência da realidade; a definição discursiva é sempre composta de palavras que remetem a outras palavras.

Como uma filosofia que se pretende definir pelo método de análise e se caracteriza por recorrer à consideração desse método pretende superar esse tipo de problema? Se analisar é traduzir uma proposição por outra ou reduzi-la a outras, isso não nos levaria a uma circularidade ou a uma regressão ao infinito?

C.H. Lanford dá a seguinte formulação para o "paradoxo da análise": "Se a expressão verbal representando o *analysandum* [aquilo que está sendo analisado], tem o mesmo significado que a expressão verbal representando o *analysans* [o resultado da análise], a análise estabelece uma simples identidade e é trivial; mas se as duas expressões verbais não tem o mesmo significado, a análise é incorreta."

Duas idéias distintas, embora de certa forma complementares, podem ser identificadas a esse propósito. Em primeiro lugar, dentro de uma perspectiva da filosofia da linguagem, isto é, de uma investigação filosófica da natureza da linguagem e, sobretudo, de seu papel no conhecimento da realidade, a análise é vista como o procedimento que revela a natureza da linguagem, determinando como se dá a relação entre os signos lingüísticos e a realidade e examinando a estrutura da linguagem, isto é, como os signos simples se relacionam entre si para formar signos mais complexos. Em segundo lugar, do ponto de vista de uma filosofia que concebe a análise da linguagem como método filosófico, como procedimento através do qual a reflexão filosófica se desenvolve, essa análise tem por objetivo dar um tratamento às questões filosóficas em seus diferentes aspectos, produzir um esclarecimento filosófico sobre perplexidades geradas nos diferentes campos da experiência humana. Não se trata, neste segundo sentido, de analisar a linguagem com o objetivo de estabelecer a sua natureza, como meio de formular uma teoria da linguagem, mas sim de, através da análise da linguagem, produzir um esclarecimento de problemas filosóficos. As duas posições não se excluem mutuamente, na medida em que a análise da linguagem como método de esclarecimento pressupõe até certo ponto também uma concepção de linguagem, dessa linguagem a ser analisada, podendo tal concepção receber um tratamento teórico mais elaborado, como de fato ocorre na maior parte das correntes da filosofia analítica.

## A contribuição de Frege à filosofia analítica

Tomemos em primeiro lugar a tradição semântica em suas linhas gerais. Vamos seguir aqui a interpretação de Alberto Coffa, mencionada anteriormente, quanto ao surgimento dessa tradição no século XIX, a partir da reação a Kant e ao kantismo por parte de filósofos e teóricos da ciência como Bernard Bolzano e posteriormente o próprio Frege. Na verdade, essa relação entre a teoria kantiana do conhecimento e o desenvolvimento da tradição semântica, especialmente no caso de Frege, tem dois aspectos. Por um lado, uma ruptura com a teoria kantiana, em seu caráter subjetivista (ainda que transcendental) e em seu apelo à intuição pura na constituição do conhecimento. Por outro lado, uma influência positiva dessa teoria, na *Crítica da razão pura*, da primazia do juízo sobre o conceito na formulação da teoria do significado de Frege. Examinemos melhor esses dois aspectos.

Comecemos com Frege, já que a maioria de seus intérpretes na tradição analítica, tais como Michael Dummett e o próprio Alberto Coffa, o considera um dos principais inspiradores dessa tradição e um dos filósofos cuja obra marca o surgimento da filosofia analítica da linguagem.

Frege pode ser considerado um dos maiores lógicos do período contemporâneo, sendo o criador do que hoje conhecemos como cálculo proposicional e cálculo dos predicados, o primeiro grande desenvolvimento na lógica desde a teoria do silogismo de Aristóteles, e base da assim chamada lógica-matemática que se desenvolve no século XX. Frege foi também um importante filósofo da matemática, e seu programa de fundamentação da matemática na lógica, o *logicismo*, teve grande influência no início do século XX. Vamos procurar examinar, contudo, sua contribuição especificamente à filosofia da linguagem, sobretudo sua discussão do problema do significado, que constitui um dos principais pontos de partida para o desenvolvimento da teoria semântica. Veremos, então, em que medida Frege pode ser visto como um dos iniciadores da filosofia da linguagem de tradição analítica.

Encontramos no período de Frege (segunda metade do século XIX) uma tentativa por parte de alguns pensadores de defender a autonomia da lógica em relação à psicologia e a uma epistemologia, baseada na análise da produção do conhecimento pelo sujeito, numa linha de discussão inaugurada por Leibniz e desenvolvida por Bernhard Bolzano. Frege sofre mais diretamente a influência de H. Lotze em cuja obra *Lógica* (1874) encontramos a caracterização de um lugar intermediário entre ambas as posições dominantes:

1) o subjetivismo psicologista, segundo o qual a lógica é resultado da constituição de nossas mentes; e

2) o objetivismo realista (metafísico), segundo o qual as formas lógicas possuem uma realidade autônoma em um mundo de entidades abstratas.

Essa discussão desenvolve-se em parte tendo como pano de fundo a tese de Kant contra a concepção de Leibniz de fundamentação da matemática na lógica apenas. Encontramos, assim, no século XIX duas grandes correntes: a kantiana, que propõe a fundamentação da matemática na intuição pura; e a empirista, representada por John Stuart Mill, que propõe a fundamentação da matemática na experiência. Lotze se propõe a retomar o projeto de Leibniz, porém aceitando a posição de Kant de que há na matemática uma base na intuição, entendida como forma pura da sensibilidade que nos permite perceber objetos no espaço e no tempo.

A partir dessa discussão surge então a necessidade de se distinguir entre um objeto de conhecimento e seu reconhecimento. Frege formula essa distinção em termos da diferença entre atos de asserção subjetivos e o conteúdo objetivo asserido, este sim objeto de investigação do lógico, e que corresponderia à distinção tradicional entre a idéia ou representação (*Vorstellung*), que tem uma natureza mental, e seu conteúdo (*Inhalt*), devendo-se distinguir:

1) estados mentais subjetivos;

2) a realidade atual;

3) idéias objetivamente válidas (*Reich der Inhalte*, "o domínio dos conteúdos"), como conceitos, que pertenceriam ao domínio da lógica.

A tarefa filosófica passaria a se caracterizar pela investigação do pensamento (*Gedanke*), no sentido próprio de Frege, como algo de objetivo e atemporal e não como algo de psicológico e subjetivo. O pensamento seria algo de impessoal, isto é, para entender a sentença matemática "2+3=5", basta reconhecer o pensamento que ela expressa, não é necessário saber quem a asseriu e em que circunstâncias.

Temos agora como princípio da investigação filosófica a análise conceitual de definições, isto é, a análise do significado e não de processos mentais, subjetivos. A questão da justificação, da fundamentação da ciência, só pode ser resolvida após termos clareza sobre as expressões (conceitos) que investigamos. A análise do significado, por sua vez, depende de um modelo de como a linguagem é construída e funciona — da caracterização de sua estrutura, portanto. É dessa forma que passamos a ter aqui uma primazia da investigação lógica da linguagem, na linha do projeto de Leibniz. Isso influenciará uma determinada concepção da importância de uma linguagem lógica, científica, que encontramos no Círculo de Viena, sobretudo em Rudolf Carnap.

Frege vai concentrar-se no problema do significado das sentenças a partir da consideração da relação entre a linguagem e a realidade. Para isso, estabelece uma distinção fundamental entre o sentido (*Sinn*) e a referência ou denotação (*Bedeutung*), sendo que de um ponto de vista epistemológico podemos nos perguntar qual a contribuição dessas noções para o conhecimento.

De acordo com essa distinção, temos que a referência é o objeto designado ele próprio, enquanto o sentido é o modo de designar o objeto, ou seja, de determinar a referência, portanto o modo pelo qual o objeto se apresenta. Assim, "Vênus", "a Estrela da Manhã" e "a Estrela da Tarde", têm o mesmo referente, porém diferentes sentidos. Duas expressões podem, portanto, ser idênticas quanto à referência e ter sentidos diferentes. O sentido de uma expressão é a maneira pela qual sua referência é determinada, é o que sabemos quando entendemos uma expressão. Esta pode ter sentido e não ter referência, por exemplo: "O corpo celeste mais distante da Terra"; "O maior número primo". Para Frege, o sentido não é uma idéia subjetiva, mas tem valor objetivo. Podemos fazer, seguindo Frege, uma comparação com o telescópio na qual teríamos:

1) o objeto — por exemplo a Lua (referência);

2) a percepção subjetiva do objeto por nosso órgão visual (a idéia ou representação);

3) a própria imagem do objeto (a Lua) no telescópio (sentido).

Sentenças também possuem sentido e referência. No caso de asserções ou sentenças declarativas temos que a referência da sentença não se altera se substituímos expressões lingüísticas por outras com a mesma referência, mas sentidos diferentes. Por exemplo: "Machado de Assis foi o fundador da Academia Brasileira de Letras" e "O autor de *Quincas Borba* foi o fundador da Academia Brasileira de Letras". Porém, alguém que não soubesse que Machado de Assis escreveu *Quincas Borba* acharia que se tratam de duas sentenças diferentes. Portanto, não é o "pensamento" (o conteúdo da sentença na acepção de Frege, e não o que se passa em nossa mente) que é sua referência, mas sim o seu sentido. Uma sentença expressa um "pensamento" (conteúdo proposicional) que é o que se mantém na tradução, e é nisto que consiste seu sentido, porém não sua referência. Em "A Estrela da Manhã é iluminada pelo Sol" e "A Estrela da Tarde é iluminada pelo Sol", o "pensamento" muda, mas a referência é a mesma, trata-se do mesmo astro no céu. Qual a referência de uma sentença? Para Frege, consiste no Verdadeiro e no Falso, isto é, em sua conexão com a realidade, as circunstâncias em que são verdadeiras ou falsas. Esta é uma das teses de Frege mais discutidas por seus críticos, que dirão que, se a referência de uma sentença é o Verdadeiro ou o Falso, todas as sentenças verdadeiras têm a mesma referência — o que de certa forma se dá, já que se referem à realidade.

Frege enfatiza ainda a necessidade de fazermos algumas distinções entre conceito e objeto relevantes para a consideração do significado de sentenças. Por exemplo, a sentença "A Estrela da Manhã é Vênus" não é realmente predicativa, diferentemente de "A Estrela da Manhã é um planeta", mas deve ser parafraseada da seguinte maneira: as expressões "A Estrela da Manhã" e "Vênus" referem-se ao mesmo objeto. O mesmo ocorre com "Todos os mamíferos têm sangue quente", em que "mamíferos" é um predicado assim como "sangue quente". A paráfrase desta sentença nos daria o seguinte resultado: certos objetos são mamíferos e têm sangue quente. Isto mostra a importância, segundo Frege, de se distinguir a forma lógica da sentença de sua forma gramatical, e portanto a necessidade de uma análise lógica da linguagem, tal como nas paráfrases realizadas — o que será a preocupação fundamental da filosofia analítica da linguagem nas primeiras décadas do século XX com Russell e Wittgenstein (no *Tractatus*).

Considerando-se o campo da filosofia de forma mais ampla, as investigações de Frege ocupam aí um lugar bastante circunscrito — as áreas da lógica e filosofia da matemática. Contudo, sua contribuição ao desenvolvimento da filosofia analítica e da filosofia da linguagem, que começa a se constituir nesse período, ultrapassa em muito o alcance inicial dessas áreas.

Não há, porém, em Frege uma teoria geral do conhecimento. Seu propósito é, ao contrário, fundamentar a matemática como ciência, recorrendo para isso à lógica. O fundacionismo de Frege deve ser entendido, portanto, como concepção segundo a qual a lógica seria a "filosofia primeira", no sentido de Dummett visto anteriormente, os princípios lógicos sendo pressupostos do conhecimento. Em sua *Conceitografia*, de 1879, Frege se pergunta se as proposições da aritmética se baseiam, em última análise, nas leis da lógica ou em fatos da experiência, propondo-se a defender a primeira alternativa. Estabelece, então, a necessidade de se afastar da linguagem comum para construir uma "linguagem formal simbólica do puro pensamento". Esse projeto o leva a reformular a própria lógica, no sentido de aproximá-la dos métodos da matemática. Na concepção de Frege, a lógica diz respeito às leis do pensamento em um sentido normativo e não-psicológico, subjetivo. As leis da lógica são as leis mais gerais do pensamento e não parte de uma ciência específica. Em um texto publicado em seus escritos póstumos, Frege assim se expressa a esse respeito: "Comecei com a matemática. O que me parecia mais necessário era dar a essa ciência uma melhor fundamentação ... As imperfeições lógicas da linguagem impediam tais investigações. Tentei superar esses obstáculos com minha conceitografia. Dessa forma fui levado da matemática à lógica."

A *Conceitografia* de Frege toma como ponto de partida, portanto, a concepção de que as proposições com significado têm um conteúdo conceitual objetivo, e de que esse conteúdo não é adequadamente representado pela linguagem comum, devendo ser possível construir uma notação em que o conteúdo conceitual de qualquer proposição possa ser expresso de forma mais clara e adequada. É precisamente este o sentido do subtítulo da *Conceitografia*: "Uma linguagem formalizada do puro pensamento". A tarefa filosófica pode ser vista, então, como a determinação desse conteúdo objetivo a partir da crítica de sua expressão na linguagem comum e de sua tradução para uma linguagem lógica formal e depurada das imperfeições da linguagem comum. Encontramos nessa proposta a concepção segundo a qual a análise filosófica se dá através de um processo de tradução de uma linguagem para outra mais perfeita, em que os problemas da anterior são resolvidos.

É fundamental para o desenvolvimento da visão de linguagem na filosofia analítica a concepção de Frege de que o filósofo deve concentrar sua atenção no pensamento — entendido como conteúdo objetivo de uma proposição e não enquanto processo mental, subjetivo e psicológico. É a partir dessa concepção que se desenvolve a noção de análise lógica como descrição semântica da sentença capaz de distinguir na linguagem os elementos que refletem a estrutura do pensamento dos que não a refletem. A análise da proposição corresponde a uma análise do pensamento, a uma decomposição da proposição em uma parte que corresponde ao nome próprio, cuja função é referir aos objetos, e em outra que caracteriza o predicado ou conceito. Não temos, contudo, segundo Frege, um conhecimento direto de um objeto; quando sabemos algo sobre um objeto, o que sabemos é uma proposição sobre ele. É por isso que, nessa concepção, o juízo, que se expressa proposicionalmente, tem precedência sobre o conceito. Frege rompe assim com a lógica tradicional que via a proposição ou juízo como resultado da união entre conceitos com sentidos previamente determinados, que constituíam o sujeito e o predicado. Diz Frege também nos *Escritos póstumos*: "Não parto dos conceitos, unindo-os então para formar um pensamento ou juízo; chego às partes de um pensamento analisando este pensamento." A análise é vista, assim, como um recurso lógico que decompõe a unidade originária do juízo para examinar a contribuição das partes que o compõem à determinação de seu significado. Mas, precisamente, a proposição se decompõe apenas por análise, como resultado do exame lógico, constituindo-se por natureza como uma unidade formal.

## A teoria das descrições de Bertrand Russell

Qualquer discussão da obra de Russell requer um cuidado especial, já que poucos filósofos reformularam seu pensamento tanto quanto ele. É, pois, sempre importante ter em mente o período e a obra em questão. Vou me limitar aqui praticamente à teoria das descrições, formulada em seu artigo "Da denotação" (1905), que pode ser considerada um dos paradigmas de análise na tradição analítica da fase que caracterizei como semântica clássica.

A teoria das descrições de Russell parte da concepção de que a forma gramatical das sentenças não representa sua forma lógica, sendo necessário por isso submeter essas sentenças a uma análise lógica que revele ou torne explícita essa forma lógica. Descrições definidas são expressões que, apesar de se assemelharem a nomes próprios, designando indivíduos, não são realmente nomes próprios. Através do método de análise, sentenças que contêm descrições definidas podem ser reduzidas a sentenças em que essas descrições não mais ocorrem. Porém, por que seria necessário supor a eliminação das descrições definidas? O problema surge quando consideramos expressões que não possuem uma referência ou denotação. As sentenças que contêm essas expressões aparentemente violam o princípio lógico do terceiro excluído, que estabelece que uma sentença só pode ser verdadeira ou falsa, não havendo uma terceira possibilidade. Ora, essas sentenças, por não se referirem a nenhum objeto existente, não seriam nem verdadeiras, nem falsas. O exemplo clássico é a análise a que Russell submete a sentença S: "O atual rei de França é careca." Uma vez que não existe um rei de França, a sentença não pode ser considerada verdadeira. Porém, tampouco é falsa, pois não podemos dizer que o atual rei da França não é careca. Também não podemos considerá-la sem sentido, uma vez que pode perfeitamente ser compreendida. A análise lógica virá, então, para solucionar esse impasse e resolver o problema ontológico da existência de entidades correspondentes às descrições definidas. Se submetermos essa sentença à análise, temos como conclusão que na verdade S engloba três outras sentenças, a saber:

S1) Existe um objeto X tal que X tem a propriedade P (ser o atual rei de França).

S2) Não existe um objeto Y≠X tal que Y tem a propriedade P.

S3) X tem a propriedade Q (ser careca).

A eliminação da expressão descritiva se dá ao se traduzir a sentença em que ela ocorre em uma sentença declarativa existencial (S1), em que algo tem a propriedade contida na descrição. Ora, vemos assim imediatamente onde se encontra o problema. A sentença S1 é falsa, conseqüentemente S3 também o será, já que S3 supõe S1.

Uma das conseqüências do método de análise encontrado na teoria das descrições é que apenas objetos existentes podem ter propriedades. A existência não é, por sua vez, um predicado, uma propriedade, mas um operador lógico. Portanto, os predicados supõem a existência de um objeto do qual possam ser predicados. Só posso afirmar uma qualidade de algo que existe, e a existência não é ela própria uma qualidade, mas um pressuposto para que algo tenha qualidade.

O método de análise resolve assim o problema da aparente transgressão do princípio do terceiro excluído. Todas as três sentenças em que S se decompõe têm valores de verdade determinados. Portanto, através da análise lógica da linguagem podem-se encontrar os elementos que constituem as situações expressas na linguagem. A função da análise lógica da linguagem é determinar os componentes últimos que constituem um fato na realidade. Logo, supõe um isomorfismo entre a lógica e a realidade, a sentença e o fato, através da correspondência entre os elementos de um e de outro. Esse é o seu pressuposto ontológico básico.

No âmbito da teoria das descrições a concepção de análise formulada por Russell é, portanto, a de um método de decomposição da sentença através do qual seus elementos são identificados, estabelecendo-se a relação destes com os elementos correspondentes em um fato no real, descrito pela sentença. A análise revela assim a verdadeira forma lógica da sentença, indicando como suas partes se articulam (no caso das sentenças S1, S2 e S3) para formar o todo (a sentença S). Isso significa que o método de análise é também um procedimento de tradução de uma linguagem menos perfeita (a linguagem comum) — em que a forma gramatical oculta a forma lógica (a estrutura comum à sentença e ao fato) — para a linguagem lógica — que exibe a forma lógica de modo direto e explícito, dissipando possíveis dúvidas e mal-entendidos. Esse método supõe, portanto, tal como em Frege, a existência de uma linguagem lógica em que a relação com a realidade possa ser expressa de maneira mais clara e correta, evitando equívocos e confusões. Inclui-se também no projeto fundacionista — na medida em que a análise lógica fornece critérios para se justificar a determinação da relação verdadeira, correta, entre a linguagem e a realidade —, contribuindo assim para a fundamentação da ciência e para a eliminação de problemas típicos da metafísica especulativa, como a existência do não-ser ou do nada.

Com efeito, Russell mantém essa concepção do papel da análise mesmo em obras posteriores. Por exemplo, em *Nosso conhecimento do mundo externo* (1914), diz: "Todo problema filosófico, quando submetido à análise e justificação necessárias, revela-se não ser realmente um problema filosófico, ou ser, no sentido em que usamos a palavra, um problema lógico."

## A análise segundo G.E. Moore

Embora Moore tenha negado explicitamente, repetidas vezes, ter sido um filósofo analítico, ou ter se dedicado à análise lingüística, pode ser considerado juntamente com Russell um dos iniciadores da filosofia analítica, sendo decisiva sua influência no desenvolvimento dessa tradição. De fato, a respeito da reação contra o idealismo que mencionamos anteriormente, diz Russell: "Foi por volta de 1889 que Moore e eu nos rebelamos contra Kant e Hegel. Moore foi o líder, mas eu segui seus passos de perto."

"Análise" é o texto de Moore que melhor nos esclarece acerca da posição desse filósofo, texto em que ele pretende elaborar e definir mais claramente sua concepção filosófica de método analítico.

Nesse texto encontramos a seguinte afirmação: "Quando me referi à análise de algo, *aquilo* a que me referi como objeto de análise foi sempre uma idéia, conceito ou proposição, e *não* uma expressão verbal." É nesse sentido, portanto, que Moore nega, explicitamente, ter se dedicado à análise lingüística. Logo adiante, contudo, deixa claro o que entende por "análise de expressões verbais": "Há um sentido em que expressões verbais podem ser 'analisadas' ... Considere-se a expressão verbal 'X é um pequeno Y'. ... Pode-se perfeitamente dizer que se está fazendo uma análise dessa expressão quando se diz sobre ela: 'Contém a letra *x*, a palavra *é*, a palavra *um*, a palavra *pequeno* e a letra *y*; e começa com *x*, *é* vem em seguida, depois *um*, depois *pequeno* e depois *y*. ... Quando me referi a 'fazer uma análise' nunca tive esse tipo de coisa em mente."

Fica claro assim que Moore está entendendo "análise de uma expressão verbal" como decomposição dessa expressão complexa em seus elementos simples constituintes, indicando-se a ordenação seqüencial dos mesmos. Evidentemente, uma análise desse tipo, estritamente lingüística, não tem relevância filosófica; principalmente porque não envolve diretamente nenhuma determinação ou esclarecimento do *significado* da expressão.

Moore rejeita, portanto, uma interpretação da noção de análise como se aplicando estritamente a entidades lingüísticas. De fato, afirma que, "em meu uso, tanto o *analysandum* quanto o *analysans* devem ser conceitos ou proposições e não meramente expressões verbais". Essa advertência equivale a dizer que, como veremos mais adiante em Wittgenstein e em Austin, a análise lingüística não é um fim em si mesmo, mas o método através do qual conceitos são analisados e o significado das expressões, determinados, produzindo-se assim o esclarecimento.

Para Moore, fazer a análise de um conceito, o *analysandum*, equivale a indicar um novo conceito, o *analysans*, tal que:

1. Ninguém possa saber que o *analysandum* se aplica a um objeto sem que saiba que o *analysans* também se aplica a esse mesmo objeto.

2. Ninguém pode verificar que o *analysandum* se aplica sem verificar que o *analysans* também se aplica.

3. Qualquer expressão que expresse o *analysandum* deve ser sinônima de uma expressão que expresse o *analysans*. Como exemplo, podemos tomar os conceitos: "irmão" e "filho dos mesmos pais".

Moore acrescenta:

4. Tanto o *analysandum* quanto o *analysans* devem ser *conceitos* e, se a análise for correta, devem em algum sentido *ser o mesmo conceito*.

5. A expressão usada para o *analysandum* deve ser diferente da usada para o *analysans*.

Vemos assim que a análise de um conceito não é propriamente, nesta concepção, sua decomposição em elementos constitutivos simples, mas sim a explicitação de seu significado, através de outra expressão equivalente que o torne mais claro, possibilitando um melhor entendimento de seu sentido e uma melhor determinação do objeto a que se aplica.

Embora diga que um conceito não é uma expressão verbal, como vimos acima, Moore não esclarece qual é finalmente sua concepção da natureza do conceito. Fica claro, contudo, que o conceito certamente não é uma entidade mental à qual chegamos por introspecção, nem algo a que temos acesso através de algum tipo de intuição ou "visão de essências", o que nos traria de volta ao idealismo rejeitado por Moore. Ao contrário, apesar de o conceito não se confundir com a expressão verbal, é necessário usar expressões verbais na análise, e o conceito se expressa através de uma expressão verbal (ver condição 3). O conceito deve assim ser entendido, de certa forma, como o conteúdo significativo das expressões verbais, ou seja, aquilo que os termos "irmão" e "filho do mesmo pai" têm em comum, o que faz com que sejam, em certo sentido, expressões do "mesmo conceito" (condição 1).

Como resultado da análise conceitual deve ficar claro, portanto, que o conceito (*analysans*) em termos do qual o filósofo produz o esclarecimento do conceito analisado (*analysandum*) deve referir-se ao mesmo objeto. Além disso, ambos os conceitos devem ser intersubstituíveis na sentença sem alteração da referência. Isso é o que Moore quer dizer quando afirma que devem ser sinônimos. É por isso, de certa forma, que é dito que, embora as expressões lingüísticas sejam diferentes, trata-se do mesmo conceito. E é essa a razão pela qual Moore afirma não fazer uma análise lingüística, mas sim conceitual. É claro que a análise não é lingüística se entendemos "lingüística" como se referindo a expressões verbais de uma língua natural como o português ou o inglês, porém pode ser considerada lingüística se entendemos os conceitos como entidades lingüísticas, isto é, lógicas, e não como representações mentais ou entidades metafísicas como formas ou essências.

## Austin e a Escola de Oxford

A tradição analítica da chamada Escola de Oxford tem como seus principais representantes Alfred Jules Ayer, John Wisdom, Gilbert Ryle e John L. Austin, cujos primeiros trabalhos foram publicados a partir da década de 1930. Podem-se incluir ainda, mais tarde (anos 50), Peter F. Strawson, Stuart Hampshire, John O. Urmson e Richard Hare, dentre outros. Sem dúvida, esses filósofos sofreram também a influência de Russell e de Moore, uma vez que suas idéias eram nessa época bastante discutidas na Grã-Bretanha, mas o pensamento dos filósofos de Oxford desenvolveu-se na realidade numa linha bastante representativa da filosofia que se fazia nessa universidade desde as primeiras décadas do século XX.

É esse tipo de análise, nessa tradição, sobretudo na linha de interesse por questões éticas, que permitiu uma aproximação com a análise conceitual empreendida por Moore e expressa em seu *Principia ethica*, bem como em sua defesa de uma "filosofia do senso comum". Nesse sentido, a filosofia de Moore está mais próxima do pensamento que se desenvolve em Oxford do que a de Russell, ou mesmo a do positivismo lógico do Círculo de Viena.

Sob vários aspectos, Austin pode ser considerado o mais representativo dos filósofos da linguagem ordinária, como o demonstram a maior parte de seus artigos reunidos nos *Philosophical Papers* (1970) e o testemunho de vários filósofos que foram seus contemporâneos e com ele trabalharam em Oxford. Esses trabalhos ilustram em sua maioria a aplicação do método de análise da linguagem a vários problemas filosóficos tradicionais, sobretudo na teoria do conhecimento ("Other minds"), teoria do significado ("The meaning of a word", "How to talk") e ética ("A plea for excuses", "Three ways of spilling ink").

Para Austin, grande parte dos problemas filosóficos origina-se de mal-entendidos terminológicos e de falta de clareza quanto à definição dos conceitos empregados. Essa é, na verdade, uma idéia que percorre os vários ramos da tradição analítica, desde Frege, que menciona os equívocos que surgem das imperfeições da linguagem, passando por Russell com sua discussão das descrições definidas que examinamos anteriormente e pela posição crítica quanto à metafísica especulativa encontrada no Círculo de Viena, defendida na filosofia britânica por Ayer. Devemos, portanto, segundo Austin, prestar atenção à linguagem que usamos. "As palavras são nossas ferramentas." O ponto de partida é assim a análise da linguagem na tentativa de produzir um esclarecimento do significado das expressões envolvidas na caracterização de um problema filosófico. Uma advertência, contudo, é necessária quanto à caracterização da filosofia da linguagem ordinária. Diz Austin: "Quando examinamos o que devemos dizer e quando devemos fazê-lo, que palavras devemos usar, em que situação, não estamos examinando simplesmente palavras (ou seus 'significados', seja lá o que isso for), mas, sobretudo, a realidade sobre a qual falamos ao usar essas palavras; usamos uma consciência mais aguçada das palavras para aguçar nossa percepção ... dos fenômenos."

A análise filosófica não é, portanto, uma análise lingüística apenas, mas uma análise que se faz *através* da linguagem. Não se separa a linguagem da realidade sobre a qual essa linguagem fala como duas naturezas distintas: ao contrário, ao se examinar a linguagem já se está necessariamente examinando esta realidade e não se tem como analisá-la diretamente, independentemente da linguagem. O uso da linguagem é uma forma de ação no real e não uma simples maneira de descrever a realidade que se observa. Ao se examinar o uso da linguagem está-se examinando a própria experiência do real.

A finalidade do método não é, contudo, produzir uma nova linguagem mais perfeita ou mais rigorosa, como nas propostas de Frege, de Russell ou mesmo do positivismo lógico. A linguagem ordinária é o horizonte último onde a experiência se constitui. Isso não significa, contudo, que não possa ser criticada, reformulada ou alterada; segundo Austin, "certamente a linguagem ordinária não pode ter nenhuma pretensão de ser a palavra final ... . A superstição, o erro e a fantasia de diversos tipos incorporam-se à linguagem ordinária", portanto "ela pode em princípio ser corrigida e melhorada ... . Lembrem-se apenas de que é a primeira palavra", isto é, o ponto de partida.

Uma vez que a análise tem como seu objeto a linguagem ordinária e como finalidade a caracterização dos elementos envolvidos em seu uso para assim explicitar o significado dos termos e esclarecer os problemas filosóficos a eles associados, esse tipo de análise é sempre provisório, nunca definitivo, final, completo. Os problemas podem ser retomados, novos usos levados em consideração, novas relações podem ser estabelecidas. Não é possível então eliminar todos os problemas de uma vez por todas. A análise é sempre parcial e deve proceder "*piecemeal*" (isto é, minuciosamente, detalhadamente), sem a pretensão de um resultado definitivo.

Um dos mais ilustrativos exemplos da análise empreendida por Austin está no artigo supramencionado, "A plea for excuses". Tomando o problema ético clássico da responsabilidade na ação, Austin evita a discussão genérica de teorias éticas ou a consideração de conceitos muito amplos como responsabilidade, ação, vontade etc., definidos genericamente e fazendo parte de uma teoria ética que por sua vez se inclui em um sistema filosófico global. Ao contrário, ele parte principalmente da análise de expressões adverbiais como "deliberadamente", "involuntariamente", "acidentalmente", "inadvertidamente" e outras congêneres, exatamente na medida em que são, enquanto advérbios, modificadores da ação. As condições de emprego desses termos revelam assim em que circunstâncias se admite ou não que o falante possa usá-los para justificar seu ato, desculpá-lo ou eximir-se de responsabilidade. A finalidade da análise não é, portanto, definir de forma genérica e abstrata o que é a responsabilidade, mas esclarecer como e por quê imputamos a responsabilidade de um ato a alguém e de que forma o autor do ato assume ou não essa responsabilidade. Isso pode nos ser revelado pelos casos em que desculpas são aceitáveis ou não. A análise, ao nos revelar as condições em que esse uso se dá, nos esclarece sobre como entendemos e definimos esses conceitos valorativos.

## A concepção de análise em Wittgenstein

Embora haja uma distinção já consagrada na filosofia analítica entre o "primeiro" Wittgenstein, representado pelo *Tractatus logico-philosophicus*, e o "segundo", representado pelos escritos posteriores a 1929, sobretudo pelas *Investigações filosóficas*, a maior parte dos intérpretes atualmente tem encontrado muitos pontos de contato entre as duas fases de seu pensamento. Notadamente quanto à sua concepção da tarefa terapêutica da filosofia, do método filosófico e do papel da análise em produzir esclarecimentos e desfazer problemas filosóficos tradicionais, bem como formas errôneas de se compreender a linguagem. Por outro lado, é o próprio Wittgenstein que se refere negativamente à visão lógica do "autor do *Tractatus*" nas *Investigações* como uma visão da qual teria se afastado.

Encontramos no *Tractatus*, como uma de suas idéias centrais, a concepção, comum também a Frege e a Russell, de que a forma gramatical e a forma lógica da linguagem não coincidem. Problemas metafísicos tradicionais como os da possibilidade de dizer o falso, da existência do não-ser etc., originam-se na verdade de uma má compreensão da linguagem, do desconhecimento de sua forma lógica autêntica e da maneira pela qual se relaciona com o real. Segundo o *Tractatus*: "A linguagem disfarça (*verkleidet*) o pensamento. A tal ponto que da forma exterior da roupagem não é possível inferir a forma do pensamento subjacente, já que a forma exterior da roupagem não foi feita para revelar a forma do corpo, mas com uma finalidade inteiramente diferente. ... A maior parte das proposições e questões encontradas em obras filosóficas não é falsa, mas sem sentido. Conseqüentemente, não podemos dar qualquer resposta a questões desse tipo, mas apenas indicar que são sem sentido. A maior parte das proposições e questões dos filósofos surge de nosso fracasso em compreender a lógica de nossa linguagem."

A tarefa da filosofia é, portanto, realizar uma análise da linguagem que revele sua verdadeira forma e a relação desta com os fatos. "Toda filosofia é uma crítica da linguagem ... . Foi Russell que nos prestou o serviço de mostrar que a forma lógica aparente da proposição não é necessariamente sua forma real." É desse modo, portanto, que se define a filosofia: "A filosofia tem por objetivo a elucidação lógica dos pensamentos. A filosofia não é um corpo de doutrina, mas uma atividade. Uma obra filosófica consiste essencialmente de elucidações. A filosofia não resulta em 'proposições filosóficas', mas sim na elucidação de proposições. Sem a filosofia os pensamentos são, por assim dizer, nebulosos e indistintos; sua tarefa é torná-los claros e bem delimitados."

O *Tractatus* mantém assim uma concepção de filosofia como elucidação realizada através da linguagem. Mas o que significa precisamente, neste caso, "análise"? Wittgenstein concebe a análise como decomposição de um complexo — a proposição — em seus elementos constituintes simples.

"É óbvio que a análise das proposições deve nos levar às proposições elementares que consistem de nomes em combinação imediata."

O procedimento de análise está assim diretamente ligado à elucidação da forma pela qual a linguagem se refere à realidade, tal qual em Russell. De fato, a concepção lógico-ontológica do *Tractatus* é bastante próxima do atomismo lógico de Russell, desenvolvido na mesma época (cerca de 1918), e reflete, ao menos em parte, as discussões ocorridas entre os dois filósofos. A concepção analítica do *Tractatus* liga-se também, assim como as de Frege, de Russell e do positivismo lógico, ao projeto de fundamentação da ciência. A totalidade das proposições verdadeiras, que dizem como o mundo é, constitui precisamente a ciência natural, o conhecimento possível sobre o real.

A formulação mais clara e sintética deste projeto pode ser encontrada no último texto do primeiro Wittgenstein, a conferência "Some remarks on logical form" (1929), bastante próxima das teses de Russell e da proposta da *Conceitografia* de Frege: "A proposta consiste em expressar em um simbolismo apropriado aquilo que na linguagem ordinária gera infindáveis mal-entendidos. Isto é, nos casos em que a linguagem ordinária oculta a estrutura lógica, em que permite a formação de pseudo-proposições, em que usa um termo em uma infinidade de significados diferentes; devemos substitui-la por um simbolismo que dê uma imagem clara da estrutura lógica, exclua as pseudo-proposições e empregue os termos sem ambigüidade."

A concepção de método filosófico e de análise da linguagem encontrada no "segundo" Wittgenstein, notadamente em suas *Investigações filosóficas*, é bem mais próxima da proposta da Escola de Oxford. É bem possível que ambas as propostas de uma filosofia voltada para o uso comum da linguagem, pelo menos em um primeiro momento, tenham se desenvolvido paralelamente. De qualquer forma, as concepções wittgensteinianas de significado como uso e de jogo de linguagem vieram somar-se às idéias centrais da filosofia da linguagem ordinária, favorecendo seu desenvolvimento nas décadas de 1950 e 1960.

Nas *Investigações filosóficas* temos uma concepção de linguagem radicalmente diferente da encontrada no *Tractatus*. A linguagem não é mais considerada tomando como base a forma lógica da proposição, a partir da qual se determina sua relação com o real, isto é, sua verdade ou falsidade. Podemos dizer que, até certo ponto, nas *Investigações* a noção de linguagem se dissolve, pulveriza-se em uma multiplicidade de "jogos de linguagem", que se definem como "um todo, consistido de linguagem e das atividades a que esta está interligada". O § 23 ilustra bem isso: "Quantos tipos de sentenças existem? Asserções, questões e ordens? Há incontáveis tipos de uso do que chamamos 'símbolos', 'palavras', 'sentenças'. E essa multiplicidade não é algo fixo, determinado de uma vez por todas, mas novas formas de linguagem, novos jogos de linguagem, como poderíamos dizer, surgem e outros tornam-se obsoletos e são esquecidos. ... É interessante comparar a multiplicidade de instrumentos da linguagem e as formas como são usados e a multiplicidade de tipos de palavras e sentenças com o que os lógicos têm dito sobre a estrutura da linguagem (inclusive o autor do *Tractatus*)."

Essa mudança na concepção de linguagem reflete-se também na concepção da tarefa da filosofia da qual é correlata. Se já encontramos no *Tractatus* a visão de que a filosofia não é um corpo doutrinário, mas uma atividade de elucidação, temos agora essa posição de certa forma radicalizada. A investigação filosófica se caracteriza como uma terapêutica, um meio de "ensinar à mosca o caminho para fora da garrafa".

É necessário examinar a linguagem a partir de seu uso, considerando os jogos de linguagem, suas regras, seu contexto — "os problemas filosóficos surgem quando a linguagem sai de férias"; "as confusões de que nos ocupamos surgem quando a linguagem é como um motor funcionando à-toa, e não quando está fazendo seu trabalho". Os problemas filosóficos se originam assim em grande parte de uma consideração errônea, equivocada, da linguagem e de seu modo de funcionar.

A análise filosófica não é vista mais como um método de decomposição de um complexo em seus elementos constituintes, concepção que Wittgenstein critica em várias passagens das *Investigações* (§ 60, 61, 63 e 64). Com efeito, ele nunca se propõe explicitamente a realizar uma análise da linguagem nas *Investigações filosóficas*. A tarefa filosófica é um processo de clarificação do sentido de nossa experiência através do exame do uso da linguagem, do estabelecimento das regras que tornam esse uso possível, do contexto em que esse uso se dá. "Queremos *compreender* algo que já está plenamente à nossa vista. Pois *isso* é o que em certo sentido não parecemos compreender. ... Nossa investigação não está voltada para os fenômenos, mas sim para as possibilidades de fenômenos."

A investigação filosófica é, portanto, gramatical, no sentido que Wittgenstein dá a "gramática" — o conjunto de regras de uso que explica o significado do termo nos diferentes jogos de linguagem de que participa. O esclarecimento é produzido assim por uma *Übersicht*, isto é, uma visão geral do uso, estabelecendo-se as diferentes formas de uso, levando-se em conta os elementos do contexto, determinando-se relações etc. Porém, nenhuma análise, nenhuma investigação desse tipo tem por objetivo estabelecer ou definir o significado de um termo de forma definitiva. Uma das conseqüências da visão de linguagem das *Investigações*, a partir da introdução das noções de jogo de linguagem e de uso, é a indeterminação do significado. Os resultados da análise são sempre provisórios e parciais. Não existe sequer um único método filosófico, mas sim diferentes métodos, como diferentes terapias, dependendo dos tipos de problemas a serem analisados.

## Duas concepções de análise

À luz das diferentes teorias examinadas acima, algumas distinções podem ser feitas a propósito da noção de análise no contexto da tradição analítica. Embora, como geralmente ocorre, em cada filósofo ou mesmo em cada teoria encontremos uma maneira própria de conceber a análise, em linhas gerais podemos distinguir duas concepções.

A primeira — a mais originária, a idéia de análise propriamente dita, encontrada na semântica clássica — pode ser caracterizada, sobretudo, a partir da teoria das descrições de Bertrand Russell. Essa teoria pode ser vista realmente como incluindo um *método de análise* em seu sentido mais básico — a decomposição de um complexo em seus elementos constituintes simples. À idéia de análise como decomposição pode ser acrescentada a idéia, também encontrada na teoria das descrições de Russell, de análise como *elucidação*, procedimento de clarificação capaz de desfazer equívocos, mal-entendidos e ilusões da metafísica especulativa — como a questão da existência do nada ou do não-ser. A análise como elucidação é realizada, assim, através da análise como decomposição. Por sua vez, a decomposição, ao gerar novas sentenças que eliminam as fontes de equívocos nas sentenças anteriores, caracteriza-se também como um procedimento de tradução de uma linguagem para outra.

A concepção mais próxima da de Russell é a do *Tractatus*. Encontra-se aí, também, a noção de decomposição de um complexo em suas partes simples, a necessidade de se chegar a sentenças atômicas ou moleculares, a consideração da relação entre sentenças e fatos, nomes e objetos, e a idéia de que a filosofia tem por tarefa produzir elucidações, desfazer mal-entendidos. Que o processo de elucidar seja realizado através da análise como decomposição não é, contudo, tão evidente em Wittgenstein, embora seja a análise que vai mostrar finalmente como se dá a relação entre a linguagem e o real.

Frege não pode ser considerado, como vimos acima, a rigor, um filósofo analítico no mesmo sentido de Russell, já que ele não chega a dar à noção de análise da proposição um papel central. Em Frege, a análise parece estar mais ligada à definição de um conceito (por exemplo, a definição de número nos *Fundamentos da aritmética*), como na acepção clássica. Apesar disso, com sua *Conceitografia* Frege contribuiu para o desenvolvimento da concepção de análise como tradução de uma linguagem imperfeita, a linguagem comum, para uma linguagem lógica, em que essas imperfeições seriam eliminadas e a forma lógica se tornar transparente, através, sobretudo, de uma notação adequada. Esse procedimento de tradução é essencial para a produção do esclarecimento. Abre caminho também, por sua vez, para a fundamentação da ciência, fornecendo-lhe uma linguagem apropriada.

A posição de Moore é, de certa forma, mais ambivalente. Em seu texto "Reply to my critics" ele caracteriza a noção de análise como decomposição, negando ter-lhe dado importância em suas discussões filosóficas. Nos *Principia ethica*, contudo, encontramos um procedimento de análise que pode ser entendido como *definição*, como *análise conceitual*, visando determinar o sentido de um conceito. Na medida em que a definição é um procedimento de explicitação do conteúdo do conceito e, portanto, de seus elementos constituintes, envolve também, de certo modo, uma forma de decomposição. Não encontramos em Moore, contudo, uma preocupação fundacionista como em Russell, em Frege e também no *Tractatus* de Wittgenstein. Talvez devido a seu interesse mais voltado para o "senso comum", a necessidade de fundamentação da ciência não aparece como questão central.

O conceito de análise envolve, assim, nos primórdios da filosofia analítica um procedimento de decomposição de um complexo, a proposição, visando estabelecer seus elementos constituintes e explicitar sua forma lógica, e assim esclarecer dificuldades envolvidas na maneira de se considerar sua relação com a realidade. Na medida em que a proposição pode ser formulada de maneira mais explícita e rigorosa em uma linguagem lógica, a análise constitui-se também como tradução.

Uma segunda concepção de análise é encontrada na filosofia da linguagem ordinária, mais explicitamente em Austin e na Escola de Oxford. Trata-se, contudo, de "análise" em um sentido bastante diferente do primeiro, sob vários aspectos. Na visão dos filósofos de Oxford a análise não é entendida como decomposição de uma proposição nem como procedimento de tradução de modo a estabelecer a sua forma lógica. Ao valorizar a linguagem comum, ou ordinária, como horizonte de significado de nossa experiência, a filosofia de Oxford recusa a reconstrução dessa linguagem em um sentido lógico como solução para os problemas filosóficos ou como caminho para a elucidação. A análise é vista, assim, como *procedimento de elucidação*, de esclarecimento, de clarificação, mas do *uso* da linguagem, das condições que tornam determinados usos possíveis, das regras que os constituem e validam. Trata-se, portanto, de uma visão de análise como elucidação do sentido do conceito, sendo o conceito interpretado lingüisticamente — o que não se dá, contudo, em Moore (pelo menos não claramente, como vimos acima). Além disso, a elucidação do conceito, considerado lingüisticamente, não se dá pela determinação de seu sentido, já que toda análise é provisória. A análise é realizada através da consideração do uso, e como o uso nunca pode ser determinado de forma definitiva, o resultado da análise é sempre parcial, dependendo das questões a serem elucidadas. Essa é também uma importante diferença entre a segunda concepção e a primeira. Na concepção da semântica clássica, os resultados da análise lógica devem ser definitivos.

A concepção da tarefa da filosofia no "segundo" Wittgenstein pode, como vimos, ser aproximada à Escola de Oxford, tendo contribuído para o desenvolvimento da filosofia da linguagem ordinária. Porém Wittgenstein, ao se referir à análise nas *Investigações filosóficas,* o faz quase sempre negativamente, como vimos nas citações anteriores, tendo em vista a semântica clássica, a primeira concepção que caracterizamos. Ele nunca chega a redefinir essa concepção de análise, nem denomina de modo explícito seu método de análise da linguagem. Embora possa, é claro, ser entendido assim, desde que consideremos como análise um procedimento de elucidação e como linguagem os termos e expressões lingüísticos nos jogos de linguagem de que fazem parte.

Vemos, assim, que há na tradição analítica pelo menos duas grandes linhas de caracterização da análise. A primeira como decomposição da proposição, reconstruindo-a em termos de uma concepção lógica de linguagem, produzindo-se desse modo a elucidação. A segunda como elucidação do significado de expressões lingüísticas, através do exame do seu uso. A primeira supõe uma ontologia, que pode ser ilustrada pelo atomismo lógico e na qual se fundamenta a possibilidade do conhecimento científico. Na segunda temos uma versão do nominalismo, sem, contudo, qualquer explicitação de pressupostos ontológicos mais diretamente.

## Conclusão

Vimos então que a filosofia analítica surge na passagem do século XIX para o XX como tentativa de resposta a problemas específicos da teoria do conhecimento e da filosofia da ciência, adotando um método que evitasse o recurso a entidades psicológicas como idéias e representações mentais, já que estas são subjetivas e, portanto, inacessíveis ao exame filosófico; mas evitando igualmente o recurso a entidades metafísicas como formas e essências — consideradas também problemáticas por não haver um método claro sobre o acesso a essas entidades. A análise é entendida, então, como busca de uma definição que esclareça o sentido dos conceitos envolvidos nos problemas filosóficos examinados de modo a solucioná-los, sendo que o conceito é interpretado como entidade lógico-lingüística e não psicológica ou metafísica. Conceitos, por sua vez, fazem parte sempre de proposições e uma definição se expressa sempre tipicamente em uma proposição (por exemplo, "Todo mamífero é animal de sangue quente"). Esses são alguns dos pontos centrais compartilhados pela maioria dos filósofos analíticos nesse período inicial. Vimos também como posteriormente desenvolvem-se diferentes concepções da natureza da linguagem e do processo de análise.

No contexto contemporâneo, a filosofia analítica desenvolveu-se a partir da influência dos primeiros filósofos dessa tradição em diferentes vertentes. Inicialmente quase restrita a questões de filosofia da ciência e teoria do conhecimento e a um projeto de fundamentação da ciência na lógica e no método empírico, foi aplicada também às áreas tradicionais da filosofia, como ética, estética, filosofia política etc., passando a funcionar como método de análise dos conceitos nessas áreas. Por sua vez, problemas teóricos acerca da natureza da linguagem, de sua estrutura lógica, do significado dos conceitos e proposições, tiveram um grande desenvolvimento a partir da discussão das primeiras teorias de Frege, Russell e Carnap. Esses problemas foram discutidos por filósofos contemporâneos como, no contexto norte-americano, Quine, Hilary Putnam, Donald Davidson e Saul Kripke, que trouxeram importantes contribuições à filosofia da lógica e da linguagem.

Concepções que propõem a análise da linguagem enquanto uso e enquanto ação, inspiradas no "segundo" Wittgenstein e em Austin, tiveram também um importante desenvolvimento na linha da pragmática. Dentre essas podemos mencionar a teoria dos atos de fala do filósofo norte-americano John Searle. Essa teoria visa dar maior sistematicidade às intuições de Wittgenstein e Austin, mostrando como o uso pode ser analisado através de categorias próprias que revelam as condições segundo as quais esses usos se dão, incluindo seus pressupostos, suas regras e seus efeitos e conseqüências. Abre-se assim o caminho para uma *análise do discurso* que toma como objeto não mais o conceito ou a proposição, mas a linguagem enquanto comunicação e interação, isto é, tal como efetivamente usada por falantes em um contexto determinado e com propósitos determinados.

Mais recentemente, novos desenvolvimentos no campo da filosofia da psicologia e das ciências cognitivas fizeram com que os filósofos analíticos retomassem questões sobre a natureza da mente e da consciência, sobre a relação entre a mente e a realidade e a mente e a linguagem. John Searle tem tido também uma importante contribuição nesse sentido.

Podemos dizer que em seu surgimento a filosofia analítica, sobretudo com Russell, Moore e até certo ponto Carnap, adota uma posição bastante radical em relação às correntes filosóficas então dominantes, assumindo uma postura de ruptura explícita com essa tradição. Por sua vez, a filosofia analítica nunca constituiu uma posição homogênea ou um bloco monolítico, discutindo suas questões internamente de forma bastante crítica. Embora bastante influenciado por Frege, Russell foi, sob vários aspectos, um crítico severo deste. O mesmo pode-se dizer de Wittgenstein em relação a Russell; Wittgenstein também foi um crítico severo de si mesmo, na segunda fase de seu pensamento. Os filósofos da linguagem ordinária foram críticos de Carnap e de sua pretensão à construção de uma linguagem rigorosa de um ponto de vista lógico que funcionasse como fundamento da ciência.

A filosofia analítica, por sua vez, em seu desenvolvimento ao longo do século XX, tornou-se também uma das grandes correntes dominantes do pensamento filosófico, constituindo ela própria uma nova tradição. Toda tradição corre o risco de fechamento sobre si mesma e de esterilidade; acredito que a filosofia analítica possa estar longe desses riscos se, como tem acontecido, mantiver vivas as questões críticas que levaram a seu surgimento, sabendo aplicá-las aos novos contextos do pensamento, bem como se puder aproximar-se de outras tradições, o que tem acontecido contemporaneamente em relação, por exemplo, à fenomenologia, à teoria crítica da Escola de Frankfurt, ao estruturalismo, dentre outras. Será graças a isso que ela poderá permanecer uma corrente filosófica significativa no século XXI.

# Seleção de textos

Considere-se, por exemplo, a proposição "A é diferente de B". Os constituintes desta proposição, quando nós a analisamos, parecem ser apenas A, diferente, B. Contudo, esses constituintes, colocados assim lado a lado, não reconstituem a proposição. A "diferença", quando ocorre na proposição, efetivamente relaciona A e B, enquanto a diferença após a análise é uma noção que não tem conexão nem com A nem com B. Pode-se dizer que deveríamos, na análise, mencionar as relações que a diferença tem com A e B, relações expressas por "é" e "de" quando dizemos "A é diferente de B". Essas relações consistem no fato de que A é o referente e B, o *relatum* no que diz respeito à diferença. Mas "A, referente, diferença, *relatum*, B" é ainda apenas uma lista de palavras e não uma proposição. A proposição, de fato, é essencialmente uma unidade, e quando a análise destrói a unidade nenhuma enumeração de seus constituintes pode restaurar a proposição. O verbo, quando usado como verbo, encarna a unidade da proposição e, portanto, é indistinguível do verbo considerado como um termo, embora eu não saiba como dar conta de modo preciso da natureza desta distinção.

Bertrand Russell,
*Principles of Mathematics*, seção 54

Todo problema filosófico, quando submetido à análise e justificação necessárias, revela-se não ser realmente um problema filosófico, ou ser, no sentido em que usamos a palavra, um problema lógico.

Bertrand Russell,
*Our Knowledge of the External World*

Toda a minha tarefa consiste em explicar a natureza da proposição.

Ludwig Wittgenstein, *Cadernos*

3.323. Na linguagem corrente, acontece com muita freqüência que uma mesma palavra designe de maneiras diferentes — pertença, pois, a símbolos diferentes — ou que duas palavras que designam de maneiras diferentes sejam empregadas, na proposição, superficialmente do mesmo modo.

Assim, a palavra "é" aparece como cópula, como sinal de igualdade e como expressão de existência; "existir" como verbo intransitivo, tanto quanto "ir"; "idêntico", como adjetivo; falamos de *algo*, mas também de acontecer *algo*.

(Na proposição "Rosa é rosa" — onde a primeira palavra é nome de pessoa, a última é um adjetivo — essas palavras não têm simplesmente significados diferentes, mas são *símbolos diferentes.*)

3.324. Assim nascem facilmente as confusões mais fundamentais (de que toda a filosofia está repleta).

3.325. Para evitar esses equívocos, devemos empregar uma notação que os exclua, não empregando o mesmo sinal em símbolos diferentes e não empregando superficialmente da mesma maneira sinais que designem de maneiras diferentes. Uma notação, portanto, que obedeça à gramática *lógica* — à sintaxe lógica.

(A ideografia de Frege e Russell é uma tal notação que não chega, todavia, a excluir todos os erros.)

Ludwig Wittgenstein,<br>*Tractatus logico-philosophicus*

Gradualmente tornou-se claro que em grande parte a filosofia pode ser reduzida a algo que podemos denominar "sintaxe", embora esta palavra deva ser usada em um sentido mais amplo do que o habitual. Algumas pessoas, notadamente Carnap, formularam a teoria de que todos os problemas filosóficos são na realidade sintáticos e que, quando os erros na sintaxe são evitados, um problema filosófico é deste modo ou resolvido ou revelado ser insolúvel. Creio que se trata de um exagero, mas não pode haver dúvida de que a utilidade da sintaxe filosófica para os problemas tradicionais é muito grande.

Ilustrarei essa utilidade através de uma breve explicação da assim chamada teoria das descrições. Por "descrição" quero dizer uma expressão tal como "O atual presidente dos Estados Unidos", em que uma pessoa ou coisa é designada não pelo nome, mas por alguma propriedade que se supõe ou sabe ser peculiar a essa pessoa ou coisa. Tais expressões têm nos causado muitos problemas. Suponhamos que eu diga "A montanha de ouro não existe" e suponhamos que vocês me perguntem "O que é que não existe?". Se eu disser "É a montanha de ouro", parece que eu estou atribuindo algum tipo de existência a isso. Obviamente não estou fazendo o mesmo tipo de afirmação ao dizer "O quadrado redondo não existe". Isso parece acarretar que a montanha de ouro é uma coisa e o quadrado redondo outra, embora nenhuma das duas exista. A teoria das descrições foi formulada para fazer frente a dificuldades como esta e outras.

Bertrand Russell,
*Uma história do pensamento ocidental*

Mas quando eu entendo uma proposição? Quando sei o significado das palavras que ocorrem nela? Isso pode ser explicado por meio de definições. Mas nas definições novas palavras ocorrem, cujo significado preciso por sua vez saber. A tarefa de dar definições não pode continuar indefinidamente, eventualmente chegaremos então a palavras cujo significado não poderá ser descrito em uma proposição: deve ser indicado diretamente, o significado da palavra deve ser mostrado, deve ser dado. Isso ocorre através de um ato de apontar ou mostrar, e o que é mostrado deve ser dado, caso contrário não pode ser apontado.

Moritz Schlick, *Positivismo e realismo*

Está claro que, de modo a compreender uma definição verbal, devemos saber de antemão o significado da palavra usada para explicar, e que a única explicação que pode funcionar sem nenhum conhecimento prévio é a definição ostensiva. Concluímos que não há nenhum meio de entender qualquer significado sem um recurso em última instância a definições ostensivas e isso quer dizer, em um sentido óbvio, recurso à experiência ou a verificação possível.

Moritz Schlick, *Sentido e verificação*

Os problemas da filosofia, tais como usualmente os consideramos, são de tipos muito diferentes. Do ponto de vista que estou assumindo aqui podemos distinguir principalmente três tipos de problemas e doutrinas na filosofia tradicional. Para simplificar vamos denominá-los *metafísica, psicologia* e *lógica*. Ou melhor, não há três regiões distintas, mas três tipos de componentes que se encontram combinados na maior parte das teses e questões; um componente metafísico, um psicológico e um lógico.

As considerações que se seguem pertencem à terceira região: estamos aqui desenvolvendo uma *análise lógica*. A função da análise lógica é analisar todo conhecimento, todas as afirmações da ciência e da vida cotidiana, de modo a tornar claro o sentido de cada uma dessas asserções, assim como a conexão entre elas. Uma das principais tarefas da análise lógica de uma dada proposição consiste em encontrar o método de verificação para essa proposição. A questão é: que razões pode haver para asserir essa proposição; ou, como podemos ter certeza de sua verdade ou falsidade? Essa questão é denominada pelos filósofos de questão epistemológica. A epistemologia ou teoria filosófica do conhecimento não é nada além de uma parte especial da análise lógica, usualmente combinada com algumas questões psicológicas acerca do processo de conhecimento.

Rudolf Carnap, *Filosofia e sintaxe lógica*

Houve uma moda, e talvez alguns traços dela ainda permaneçam, que preferia dizer que fazer filosofia consiste em analisar significados ou em analisar o uso de certas expressões. Na verdade, se levarmos em conta alguns periódicos estrangeiros, poderíamos concluir que neste exato momento a filosofia inglesa é dominada pelo que algumas pessoas denominam de *analistas lingüísticos*. A palavra "análise" tem na realidade ecos de laboratório ou da Scotland Yard e estabelece um bom contraste com expressões tais como "especulação", "hipótese", "construção de sistema" ou até mesmo "pregação" e "escrever poesia". Por outro lado, trata-se de uma palavra que sob outros aspectos induz inevitavelmente ao erro. De um lado, sugere falsamente que qualquer tipo de esclarecimento detalhado de qualquer idéia complexa ou sutil constitui um trabalho filosófico, como se um juiz ao explicar aos membros do júri a diferença entre homicídio e assassinato os estivesse ajudando a resolver uma perplexidade filosófica. Além disso, e o que é pior, a palavra sugere que sob certo aspecto os problemas filosóficos são como problemas do químico ou do detetive, isto é, como se esses problemas pudessem e devessem ser tratados fragmentariamente. Concluir pela manhã o problema A, arquivar sua solução e passar à tarde para o problema B. Essa sugestão vai contra o fato vital de que os problemas filosóficos estão inevitavelmente entrelaçados das mais diferentes maneiras. Seria, é claro, absurdo dizer a alguém que solucione pela manhã o problema da natureza da verdade, arquive a sua resposta e passe a resolver à tarde o problema das relações entre nomear e dizer, deixando para o dia seguinte os problemas relativos aos conceitos de existência e de não-existência. Creio que essa é a razão pela qual os filósofos neste momento estão muito mais inclinados a aproximar a sua tarefa à do cartógrafo do que à do químico ou à do detetive. São as relações externas e não a constituição doméstica do que pode ser dito que geram confusões lógicas e exigem arbitragem lógica.

Gilbert Ryle, "Teoria da significação"

§ 90. ... Nossa investigação é, portanto, gramatical. E essa investigação lança luz sobre nosso problema, afastando mal-entendidos... que dizem respeito ao uso das palavras, causados dentre outras coisas por certas analogias entre as formas de expressão em diferentes domínios de nossa linguagem. Alguns desses mal-entendidos são eliminados ao se substituir uma forma de expressão por outra; podemos chamar isso de "análise", pois esse processo se parece com o de decompor algo.

§ 91. Mas isso faz parecer que deveria haver algo como uma análise final de nossas formas de linguagem, portanto uma *única* forma de expressão resultando desta decomposição. Isto é, como se nossas formas habituais de expressão fossem, essencialmente, ainda não-analisadas, como se nelas houvesse algo oculto que deveria ser trazido à luz. Quando isso acontece a expressão torna-se esclarecida e nosso problema, resolvido.

Isso pode ser dito também da seguinte forma: eliminamos mal-entendidos ao tornar nossas expressões mais exatas, mas pode parecer agora que nos aproximamos de um determinado estado de exatidão completa, como se esse fosse o objetivo real de nossa investigação.

§ 109. ... E não devemos construir nenhum tipo de teoria. Não deve haver nada de hipotético em nossas considerações.

Devemos eliminar toda *explicação*, substituindo-a apenas por descrição. E dessa descrição deriva sua luz, isto é, seu propósito, dos problemas filosóficos. Estes não são problemas empíricos, mas são resolvidos ao se examinar o funcionamento de nossa linguagem e de modo a reconhecê-lo, *apesar* do impulso de entendê-lo mal. Os problemas não são resolvidos porque fornecemos mais informações, mas por um novo modo de combinar o que sempre soubemos. A filosofia é uma luta contra o enfeitiçamento de nossa inteligência por meio da linguagem.

§ 122. Uma fonte principal de nossa má compreensão é que não temos uma visão panorâmica (*Übersicht*) de nosso uso das palavras. Falta à nossa gramática esse caráter. A representação panorâmica produz exatamente o tipo de compreensão que consiste em "perceber conexões". Daí a importância de se encontrar e inventar casos intermediários.

O conceito de visão panorâmica é de importância fundamental para nós. Marca nossa forma de dar conta das coisas, nosso modo de examiná-las. (Seria isso uma visão de mundo [*Weltanschauung*]?)

§ 126. A filosofia simplesmente coloca as coisas diante de nós, não explica nem deduz nada, uma vez que tudo se encontra à vista, não há nada a explicar, pois o que está oculto não nos interessa ... .

Ludwig Wittgenstein, *Investigações filosóficas*

# Principais representantes da filosofia analítica

(em ordem cronológica)

*Gottlob Frege* (1848-1925). Professor na Universidade de Iena na Alemanha, revoluciona a lógica, formulando as bases da lógica matemática contemporânea e defendendo o logicismo que se propõe a fundamentar a matemática (aritmética e geometria) na lógica. Sua discussão sobre a natureza do significado abre o caminho para o desenvolvimento da filosofia da linguagem.

*Bertrand Russell* (1872-1970). Professor em Cambridge, Russell, juntamente com G.E. Moore, rompe com o idealismo então dominante no contexto inglês, publica com Alfred North Whitehead (1861-1947) os *Principia mathematica* (1910), revela um paradoxo na lógica de Frege e desenvolve importantes discussões nos campos da teoria do significado, filosofia da ciência e filosofia da mente, tornando-se um dos filósofos de língua inglesa mais influentes no século XX.

*George Edward Moore* (1873-1958). Professor em Cambridge, foi pioneiro, juntamente com Russell, no questionamento ao idealismo. Defendeu uma filosofia inspirada no empirismo inglês e voltada para o senso comum. Desenvolveu o método analítico, sendo importante sua contribuição à ética (*Principia ethica*, 1903).

**Ludwig Wittgenstein** (1889-1951). Nascido na Áustria, estudou em Cambridge com Russell, sendo posteriormente professor nesta universidade, sucedendo Moore em sua cátedra. No *Tractatus logico-philosophicus* (1921), um dos grandes clássicos da filosofia analítica, desenvolve uma série de reflexões sobre lógica, ontologia e filosofia da linguagem, inspiradas no caminho aberto por Frege e Russell. Posteriormente, nas *Investigações filosóficas*, publicadas postumamente em 1953, desenvolve suas reflexões sobre a linguagem e o método filosófico, numa linha bastante diferente, analisando a linguagem enquanto uso e a filosofia enquanto método elucidativo.

**Círculo de Viena.** Movimento filosófico, também conhecido como positivismo lógico ou empirismo lógico, que se desenvolveu na Áustria entre 1920-1930, sob a liderança principalmente de Moritz Schlick (1882-1936) e Rudolf Carnap (1891-1970). Os filósofos desse movimento preocuparam-se com o desenvolvimento dos fundamentos lógicos das teorias científicas. Desenvolveram, também, uma filosofia da linguagem que sofre a influência de Frege e do *Tractatus* de Wittgenstein. Em 1936, devido à ascensão do nazismo, Carnap emigrou para os Estados Unidos, tornando-se professor na Universidade de Chicago e vindo a influenciar a formação de uma filosofia norte-americana de inspiração analítica. Na Inglaterra o principal representante desse movimento foi Alfred Jules Ayer (1910-1989), professor em Oxford.

***Escola de Oxford.*** Nome informal de um grupo de filósofos da Universidade de Oxford que desenvolveram, entre os anos 1930-1950, importantes trabalhos de análise da linguagem ordinária, através de um método de esclarecimento do significado, rompendo com a perspectiva da análise lógica de Russell e do positivismo lógico e aproximando-se, sob vários aspectos, da filosofia da linguagem do "segundo" Wittgenstein. Gilbert Ryle (1900-1976) e John Langshaw Austin (1911-1960) são os principais representantes desse movimento, embora desenvolvendo cada um sua própria orientação.

# Referências e fontes

• A referência da página 9 é a Michael Dummett, *The Origins of Analytic Philosophy* (Cambridge, Harvard UP, 1993). Sobre a relação entre a filosofia analítica e a tradição filosófica é relevante também a análise de Ernst Tugendhat em *Traditional and Analytical Philosophy* (Cambridge, Cambridge UP, 1982).

• Na página 10-11, a citação de Kant provém de sua *Logica* (São Paulo, Tempo Brasileiro, 1992). Na mesma página, a referência a Alberto Coffa remete ao seu *The Semantic Tradition from Kant to Carnap* (Cambridge, Cambridge UP, 1991).

• A citação de Bertrand Russell da página 12 está em *A filosofia de Leibniz: Uma exposição* crítica (São Paulo, Companhia Editora Nacional, 1968, cap.II, seção 7).

• O termo "virada lingüística", utilizado na página 14, é empregado por Richard Rorty em *The Linguistic Turn* (Chicago, Chicago UP, 1967).

• A citação de C.H. Lanford da página 16 está em Paul Arthur Schilpp (org.) *The Philosophy of G.E. Moore* (La

Salle, Illinois, Open Court, 1968). Encontra-se também nessa obra o artigo de Moore "Reply to my critics", de cuja seção 11 (p.666 e 663) provêm as citações reproduzidas nas páginas 30-32 do presente livro.

• Na página 18 há referência a Michael Dummett, *Frege: The Philosophy of Language* (Londres, Duckworth, 1973).

• A referência completa dos escritos póstumos de Frege citados na página 26 é *Posthumous Writings* (Oxford, Blackwell, 1979, p.253).

• A citação de Bertrand Russell na página 30 vem de *My Philosophical Development* (Londres, George Allen & Unwin, 1959, p.54).

• Austin apresenta sua concepção do método de análise da linguagem (p.35) em seu artigo "A plea for excuses", *Philosophical Papers* (Oxford, Oxford UP, 1970, p.181-5).

• O *Tractatus logico-philosophicus* de Wittgenstein teve mencionados seus aforismos 4.002, 4.003, 4.112 e 4.221.

• Das *Investigações filosóficas* de Frege ver especialmente os §§ 7, 38, 89, 90, 109, 132, 133 e 309, além dos indicados ao longo deste livro.

• Na seção "seleção de textos", as três primeiras citações são traduções do autor. O *Tractatus logico-philosophicus* é citado em tradução publicada pela Edusp em 1993 e as *Investigações filosóficas*, a partir da edição de 1953 da coleção *Os pensadores*. Moritz Schlick, Rudolf Carnap e Gilbert Ryle também são citados segundo a coleção *Os pensadores*, sendo que no caso dos dois últimos as traduções tiveram modificações feitas pelo autor. *Uma história do pensamento ocidental* citado conforme a tradução da Companhia Editora Nacional, de 1945.

# Leituras recomendadas

• Seleção de textos de obras de Bertrand Russell ("Da denotação", "A filosofia do atomismo lógico"), G.E. Moore (*Princípios éticos*, "O significado do 'real'"), G. Frege (*Conceitografia, Fundamentos da aritmética*), L. Wittgenstein (*Investigações filosóficas*), M. Schlick ("Sentido e verificação"), R. Carnap ("Significado e sinonímia nas linguagens naturais"), G. Ryle ("Expressões sistematicamente enganadoras", "Linguagem ordinária"), J.L. Austin ("Outras mentes") e W.V.O. Quine (*Relatividade ontológica e outros ensaios*) em *Os pensadores* (São Paulo, Abril, várias edições), contendo alguns dos principais textos clássicos discutidos no presente livro.

• Maria Cecília M. de Carvalho (org.) *A filosofia analítica no Brasil* (Campinas, Papirus, 1995). Artigos de autores brasileiros representativos do pensamento analítico em nosso contexto.

• Cláudio Costa, *Filosofia da linguagem* (Rio de Janeiro, Jorge Zahar, 2002). Introdução à filosofia da linguagem de tradição analítica.

• G. Frege, *Lógica e filosofia da linguagem* (São Paulo, Cultrix, 2002, trad. e org. Paulo Alcoforado). Coletânea de alguns dos principais artigos de Frege, incluindo "Sobre o sentido e a referência".

——, *Investigações lógicas*, (Porto Alegre, Edipucrs, 2002, trad. e org. Paulo Alcoforado). Coletânea de artigos de Frege, incluindo "O pensamento: Uma investigação lógica".

• Paulo Margutti (org.), *Filosofia analítica, pragmatismo e ciência* (Belo Horizonte, UFMG, 1998). Coletânea de textos sobre questões de filosofia da linguagem e filosofia da ciência na perspectiva analítica.

• John R. Searle, *Mente, linguagem e sociedade* (Rio de Janeiro, Rocco, 2000). Introdução às principais idéias do autor sobre filosofia da linguagem e filosofia da mente.

• Paul Strathern, *Russell em 90 minutos* (Rio de Janeiro, Jorge Zahar, 2000).

——, *Wittgenstein em 90 minutos* (Rio de Janeiro, Jorge Zahar, 2000).

• Ernst Tugendhat e Ursula Wolf, *Propedêutica lógico-semântica* (Petrópolis, Vozes, 1997). Introdução a questões centrais da filosofia da lógica e da linguagem.

• Ludwig Wittgenstein, *Tractatus logico-philosophicus* (São Paulo, Edusp, 1993, trad. Luiz Henrique Lopes dos Santos). Contém uma excelente introdução à primeira fase do pensamento de Wittgenstein.

# Sobre o autor

Danilo Marcondes de Souza Filho, nascido no Rio de Janeiro em 1953, é professor titular de filosofia da Pontifícia Universidade Católica do Rio de Janeiro (PUC-RJ) e professor adjunto do Departamento de Filosofia da Universidade Federal Fluminense (UFF). Doutor em filosofia pela University of Saint Andrews, na Grã-Bretanha, dedica-se à pesquisa em filosofia da linguagem, sobretudo a pragmática, e ao estudo do ceticismo antigo, moderno e contemporâneo. É autor de vários livros e artigos sobre esses temas, incluindo *Language and Action* (John Benjamins, 1984), *Filosofia, linguagem e comunicação* (Cortez, 4ªed., 2001), *Dicionário básico de filosofia* (Jorge Zahar, 9ªed., 2001), *Iniciação à história da filosofia* (Jorge Zahar, 8ªed., 2004) e *Textos básicos de filosofia* (Jorge Zahar, 3ªed., 2003).

# Coleção **PASSO-A-PASSO**

*Volumes recentes:*

CIÊNCIAS SOCIAIS PASSO-A-PASSO

**Cultura e empresas [10]**,
Lívia Barbosa

**Relações internacionais [11]**,
Williams Gonçalves

**Rituais ontem e hoje [24]**,
Mariza Peirano

**Capital social [25]**,
Maria Celina D'Araujo

**Hierarquia e individualismo [26]**,
Piero de Camargo Leirner

**Sociologia do trabalho [39]**,
José Ricardo Ramalho e
Marco Aurélio Santana

**O negócio do social [40]**,
Joana Garcia

**Origens da linguagem [41]**,
Bruna Franchetto e Yonne Leite

FILOSOFIA PASSO-A-PASSO

**Adorno & a arte contemporânea [17]**,
Verlaine Freitas

**Rawls [18]**, Nythamar de Oliveira

**Freud & a filosofia [27]**, Joel Birman

**Platão & A República [28]**,
Jayme Paviani

**Maquiavel [29]**, Newton Bignotto

**Filosofia medieval [30]**,
Alfredo Storck

**Filosofia da ciência [31]**,
Alberto Oliva

**Heidegger [32]**, Zeljko Loparic

**Kant & o direito [33]**, Ricardo Terra

**Fé [34]**, J.B. Libânio

**Ceticismo [35]**, Plínio Junqueira Smith

**Schiller & a cultura estética [42]**,
Ricardo Barbosa

**Derrida [43]**, Evando Nascimento

**Amor [44]**, Maria de Lourdes Borges

**Filosofia analítica [45]**,
Danilo Marcondes

**Maquiavel & O Príncipe [46]**,
Alessandro Pinzani

**A Teoria Crítica [47]**, Marcos Nobre

PSICANÁLISE PASSO-A-PASSO

**A interpretação [12]**, Laéria B. Fontenele

**Arte e psicanálise [13]**, Tania Rivera

**Freud [14]**, Marco Antonio Coutinho
Jorge e Nadiá P. Ferreira

**Freud & a cultura [19]**, Betty B. Fuks

**Freud & a religião [20]**,
Sérgio Nazar David

**Para que serve a psicanálise? [21]**,
Denise Maurano

**Depressão e melancolia [22]**,
Urania Tourinho Peres

**A neurose obsessiva [23]**,
Maria Anita Carneiro Ribeiro

**Mito e psicanálise [36]**,
Ana Vicentini de Azevedo

**O adolescente e o Outro [37]**,
Sonia Alberti

**A teoria do amor [38]**,
Nadiá P. Ferreira